ES MOYENS DE LA REVNION EN L'Eglise Catholique, par l'aduis des plus doctes Ministres de la Religion pretendüe reformée.

A PARIS

Par Philippe du Pré Imprimeur & Librayre Iuré en l'Vniuersité de Paris, demeurant rüe des Amendiers à la Verité

1595

A MONSEIGNEVR REVERENDISSIME
& illuſtriſſime

MONSEIGNEVR L'ARCHEVES-
que & Duc de Reims, premier Pair de France, Legat né du Sainct Siege, Eueſque de Nantes, commendeur de l'ordre du saint Eſprit, Conſeiller d'Eſtat de ſa Majeſté, & maiſtre de ſa Chappelle.

ONSEIGNEVR le deſir que i'ay de voir les deſuoiés reünis en la foy Catholique, en noſtre mere Saincte Egliſe m'en faict recercher tous les moyens qu'il m'eſt poſsible. cela m'eſt impoſé pour loy de double neceſſité, qui men preſſe. La premiere, que noſtre Saint Pere me l'à ainſi enjoinct, en me declarant qu'il aura bien agreable, d'ouir dire que ie m'y emploie touſiours dignement, pour maintenir la ſaincte foy Catho, lique, & pour impugner les erreurs au contraire. L'autre qu'ayant paſſé par les Labyrinthes d'erreur & ſentant en mon ame: la conſolation que Dieu mà donnée apres qu'il m'en à retiré : ie ſuis tenu de procurer autant qu'il m'eſt poſsible, pareil bien à tous les autres. Ces deux cauſes qui me meuuent ſont grandes. Car quand le Sainct Pere commande, il faut obeyr , & la charité eſt vn ſouuerain magiſtrat de conſcience: de laquelle Dieu eſt le grand Legiſlateur. Autrement ce ſeroit vne grande miſere, que ceux qui errent: fuſſent abandonnez à leur erreur. Sainct Auguſtin en ſon liure *de vnico baptiſmo*, en parle ainſi. *Nihil grauius errantem adeò deſeri, vt ſe reuocare non poſſit.* Et certainement ie ne puis mieux leur faire cognoiſtre l'amitié & charité que ie leur porte. Car ie le dis comme ie le penſe, & l'eſcris comme ie le croy, qu'ils ſont en vn piteux

A ij

estat & en fin ils sont miserables. Car le mesme Sainct Do-
cteur au premier de ses côfessiôs, dit *Quid miserius misero,
non miserante seipsum?* Ce que ie ne dy pas, pour les peines
ou ils se precipitent: car il y à encore lieu de resipiscêce.
mais ie le dy pour les oprobrés qa'ils se font a eux mesme.
comme Sainct Hierosme dit tres-bien *In epistolis. Apud
christianos non qui patitur, sed qui facit contumeliam, miser est.*
S'ils. pensent estre offensez, de ce que leurs erreurs leur
sont remonstrées, ie les supplie d'ouyr ce que sainct Augu-
stin en dict. *In episto. ad Marcellam. Non enim placet senten-
tia Tullij, maximi authoris Romani eloquij: qui nullum vnquam
verbum. inquit, quod reuocaret emisit: quæ quidem laus, quamuis
præclarißima videatur: tamen est credibilior de nimium fatuo,
quàm de perfecto sapiente.* D'ailleurs ie s'ay fort bien que
leur precepteur singulier n'est pas selon leur propre auis
vn αὐτὸς ἔφα. Et peut encores moins prendre le tiltre de

מצא   Car eux mesmes declarent que s'il à erré,
ce n'est qu'vn homme non plus que les autres. Ie leur de
manderoye volontiers, s'ils peuuent faire plus seur voyage,
cheminans le mesme train qu'il leur à enseigne? Mais ie
leur represente ycy, apertement le desadueu de beaucoup
de leurs docteurs principaux: qui declarent qn'elle seroit
leur opiniô. C'est engeneral, qu'il y à moyêde reuenir. Ie re
cognoy bien qu'il y à aussi de la difficulté : qui pourroit
resulter de telles opinions . Mais le principal y est au
moins, asçauoir qu'ils ne tiennent pas ce mal incurable.
& ne pensent nullement qu'il n'y ayt assez de moyens. cô-
ment que soit, c'est vne reigle de droit que *Accessorium se-
quitur naturam sui principalis.* Or le principal en cette matie-
re, c'est le salut de leurs ames. Ils disent tous , que hors
l'Eglise il ny à poinct de salut.(Diman.16.du grand Cathe-
chisme. (Ils aduouent que l'Eglise Romaine est l'Eglise ancienne, qu'ils ont pretendue reformer & à l'opposite sap-
pellent Eglise pretêdue reformee.Il y en à donc vne, qui est
Eglise encore qu'lle soit diformee, parlant selon eux auec
vostre permission,Monseigneur. Et neantmoins,ils quittêt
ce principal de leur salut: & courent apres les opinions
particulieres,qui ne sont qu'accessoires, mesmes si elles e-

ſtoyent bonnes, au lieu que ce ſont des fantaſies imagi-
naires. Reſolument ils ne peuuent fonder vne nouuelle
Egliſe. il ny à que Dieu ſeul, qui en ſoit le fondateur.
Noſtre Seigneur Ieſus à fondé ſon Egliſe en la foy de ſaint
Pierre, pour la ſubſtance de la doctrine: & en la perſon-
ne meſme d'iceluy Saint Pierre, comme Prince des Apoſtres: pour la ſucceſſion de l'ordre Apoſtolique. qui (à parler correctement) eſt l'Egliſe. Et voyla pourquoy l'Egliſe
eſt dicte vn ſtatut par toute la chreſtienté: & en tous les
Royaumes & ſeigneuries. Or l'Egliſe eſt tellement vn eſtat
qu'elle demeure eternellement. Car les portes d'enfer ne
pourront iamais rien à l'encontre d'elle. Mat. 16. Cela
eſt clair, & toutesfois leurs belles diſtinctions, ne leur
ſauroient faire entendre quec'eſt vne meſme fondation, de
la doctrine & des Docteurs. Mais la difference eſt en la
choſe en ſoy, & és perſonnes. Dieu leur face la grace d'y
bien penſer. Ce que ie deſireroie ſingulierement ſeroit
bien, que celuy qui à cet honneur de vous appartenir de
ſi pres, Monſeigneur, denommé en la lettre que ie repre-
ſéte: vouluſt vn peu deſploier ce bel eſprit pour faire entendre les moyens, qu'il ſait de reduire les Chreſtiens, à
vne bonne concorde. I'eſtime qu'il fait ſi grand eſtat de
l'honneur qu'il vous doit: que quand vous luy ferez entendre, combien l'Egliſe le cheriroit, combien il oblige-
roit toute la Chreſtienté: qu'elle gloire luy en reuiendroit
pour en auoir memoire, à la poſterité: ie m'aſſure tant
de la bonté de ſon courage & de la candeur de ſon eſprit,
qui eſt autrement ſublimé & excellent. qu'il ne vous refu-
ſera vne telle demande. Car ie tiens que l'autheur à dict
vray. & onteu quelques propos de cela enſemble. Eſſaiez,
Monſieur, permettez moy d'uſer de cette hardieſſe enuets
vous: il ne vous en peut reuenir que beaucoup d'honneur
enuers tous les gens de bien: & contentemét en vous meſmes. Cela ne pourra eſtre ſuiet au blaſme de la vaine
gloire. dont dict ſaint Thomas 2. 2. qu. 132. Ar. 1. que c'eſt
peccatum mortale. Car cete gloire n'eſt pas vaine, ny choſes
vaines, & tend à Dieu, qui ſont les trois poincts oppoſites
aux trois manieres, du peché mortel de vaine gloire: que
ce ſaint perſonnage cotte la. En attendant ie vous ſupplie

A iij

prendre cette mienne, intention : de vous honorer & ſer-
uir de telle part que dece luy qui vous baiſe treſ-humble-
ment les mains: eſtant.

MONSEIGNEVR.

Voſtre treſ-humble &
treſ-affectione ſeruiteur
P. V. CAYER.

De Sainct Martin
des Chãps, à Paris
ce 25. Aouſt 1597.

Fautes ſuruenues

f.6.l.4.liſez uans . f.11.l 13.liſ.à tous paſteurs.f.12.l.10.li.
par quelcũ.f.13.l.5.liſ.ils en reuienête f.17.l.13.liſ.ancien de
1000.f.20.l.fiu.liſ.qui d'ell'en hors.f.18.l.12.liſ.en l'Egliſe.
f.18.l.14.liſ.le bapteſme f.22.l.10.liſ.ſalut auec Dieu.f.15.
l.1.liſ.combattez.f.26.l.19.liſ.guilty.f.28.l.20.liſ.au mar-
tire.f.29.l.9.liſ. preſeance f.29.l.21.liſ.cerimonies.

Extraict du Priuilege du Roy.

PAR grace & priuilege special du Roy, il est permis à Pierre Victor Cayet, Lecteur ordinaire du Roy, aux langues Orientales, de faire imprimer & védre par tels imprimeurs & Libraires qu'il auisera bon estre, les obseruations par luy faictes sur lesdites langues Orientales, & és autres l'angues tant en Latin qu'en Françoys: & ce pour le terme de six ans, auec inhibitions & deffences a tous autres d'imprimer ny faire imprimer, de nevendre ny faire vendre desdites obseruations & autres dudict Cayet, sans son consentement, sur peine de confiscation desdits liures, & d'amende arbitraire comme plus aplain est contenu audict priuilege.

Donné à Paris le 15. iour de Iuin 1596. Par le Conseil   Dormy.

Et a ledict Cayet suyuant son priuilege, permis à Philippe du Pré Imprimeur & Libraire iuré de l'Vniuersité de Paris, d'imprimer vn liuret intitulé Les Moyens de la reunion en l'Eglise Catholique, par l'auis des plus doctes ministres de la Religion pretédue reformée, aux côditions que dessus.

Extraict du Priuilege du Roy.

PAR grace & priuilege special du Roy, il eſt permis à Pierre Victor Cayet, Lecteur ordinaire du Roy, aux langues Orientales, de faire imprimer & védre par tels imprimeurs & Libraires qu'il auiſera bon eſtre, les obſeruations par luy faictes ſur leſdites langues Orientales, & és autres l'angues tant en Latin qu'en Françoys: & ce pour le terme de ſix ans, auec inhibitions & deffences a tous autres d'imprimer ny faire imprimer, de nevendre ny faire vendre deſdites obſeruations & autres dudict Cayet, ſans ſon conſentement, ſur peine de confiſcation deſdits liures, & d'amende arbitraire comme plus aplain eſt contenu audict priuilege.

Donné à Paris le 15. iour de Iuin 1596. Par le Conſeil   Dormy.

Et a ledict Cayet ſuyuant ſon priuilege, permis à Philippe du Pré Imprimeur & Libraire juré de l'Vniuerſité de Paris, d'imprimer vn liuret intitulé Les Moyens de la reunion en l'Egliſe Catholique, par l'auis des plus doctes miniſtres de la religion pretédue reformée, aux códitions que deſſus.

A MESSIEVRS DE
la Religion pretendüe
reformée.

ESSIEVRS, *vous saués la sentence qui dit,* Omne promissũ est de jure tenendum: modo nesit contra fidem ipsam, aut cótra bonos mores. *Ie vous ay promis faire voir, la teneur d'vne lettre escrite à* Th. *de* Beze : *par laquelle il appert euidemmẽr, que ie ne suis point l'autheur du petit* Auis, *que mont imputé vos* Ministres. *Càr le propre autheur, le declare sien manifestement. Ie veux donc vous tenir ma promesse, mais encore mieux, ie vous en represẽte la copie apres l'original. Car pour en dire la teneur, faudroit faire beaucoup de discours : la cop-*

B

pie vous fera mieux cognoistre ce qui en est tout au long.

Vous cognoistrés bien que ce style la n'est pas de moy:toutesfois auparauant, pource que possible plusieurs de vous autres n'auroyent pas veu ledit Auis ny ma respõce à iceluy:ioinct que ie le vous dediay deslors: ie ne feray difficulté,de le vous representer encore vne fois:mesmes ie croy, qu'il pourra seruir d'acheminement à vne reduction generale de tous vous autres, & de vos Ministres pretẽdus. Donques soudain que j'eus publié ma petite lettre à vn Gentihõme mien amy:incontinent dans trois iours, sortit cet Auis tel que sensuit. sine die & Consule

Aduis sur vn point de la lettre de Monsieur Cayet.

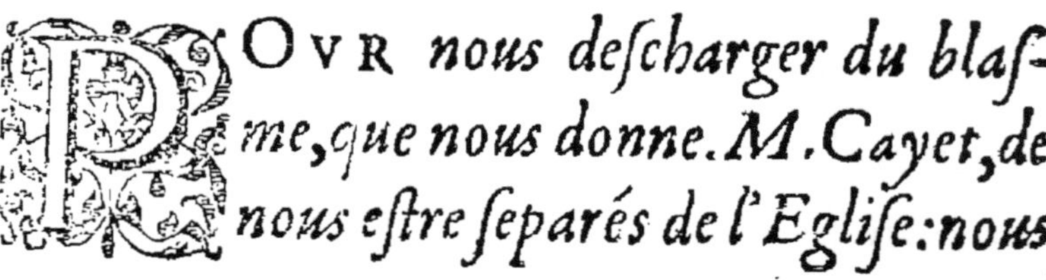

OVR nous descharger du blasme,que nous donne.M.Cayet,de nous estre separés de l'Eglise:nous

disons ce qui sensuyt. Que nous n'auons iamais entendu, nous separer & desunir d'a-
uec les autres membres de l'Eglise Catholique: ains nous entēdons garder inuiolable-
ment le lien de paix & de charité: puis que
tous, auons vn mesme fondement de salut:
mesme symbole de foy, mesme vieil & nouueau Testament, mesme Docteurs & Cō-
ciles anciens, mesme Croyance au fonds, &
par consequent mesme Religion, & mesme
Eglise Chrestienne, Catholique ou vni-
uerselle: à la distinguer apres comme on
voudra, ou par Climats: comme d'orient
& Occident, ou par les villes Metropolitaines, Prouinces & nations, selon les de-
partemēs du temps passé: ou mesme par les
personnes particulieres, & indiuidus, cōme
dit Monsieur Cayet. Et y àbien à dire, de
se separer de la Catholique, ou ne commu-
nier pas auec vne Eglise particuliere. autre
chose est s'abstenir du seruice, qui se dit en
certains lieux soubz protestation d'y reue-

nir, quand le ſuiet du ſcandale ceſſera, (dõt nous fuſmes appellés proteſtãs) & eſt autre choſe ſe deſbander, pour faire Egliſe & Religion àpart comme les Donatiſtes. Veuillons ou non, par meſme porte, nous ſommes entrés en meſme Egliſe: & cete porte c'eſt le ſaint ſacremẽt de Bapteſme. Vueillons ou non, ce dit le bon Pere Optat, nous ſõmes freres, puiſque Dieu nous eſt Pere cõmũ & l'Egliſe Mere cõmune. A vne teſte, n'y à point deux corps, ſi ce n'eſt vn mõſtre. ſur vn fondement, on ne met pas deux baſtimens: & le mariage Chreſtien, n'eſt que d'vn ſeul mary à vne femme ſeule: figure de Ieſus-Chriſt auec l'Egliſe ſon eſpouſe. Le diuers ſens d'aucuns paſſages de l'Eſcriture, les diuerſes loix & polices Eccleſiaſtiques, la diuerſité des ceremonies, la diſpute des Theologiens, & l'animoſité des Paſteurs: toutes ces choſes, dy ie, n'eſtabliſſẽt point deux Egliſes Chreſtiẽnes. Auſſi toutes les fois, que l'Eueſque de Rome ſortãt

de son diocese, a voulu fulminer sur ceux
qui ne faisoyent à son plaisir: on ne s'est pas
pourtant tenu pour retranché de l'Eglise.
On luy à plusieurs fois, representé le mal de
l'Eglise Latine, comme au chef du premier
siege d'Occident: Et c'est la chanson de
ces siecles derniers. point de nouuelles d'o-
ster ce qui est supersticieux au seruice de
Dieu, & par vn Concile legitime rámener
les choses a leur commencement: qui est ou
doibt estre la fin du Cõcile. Les gens d'esprit,
les bons Euesques de l'Eglise Gallicane,
sauent qu'il ne s'y faut attendre, & sauẽt
bien pourquoy. C'est donc d'eux cependant,
& soubz le bon plaisir du Roy: que nous
desirons & attendons ceste reformation: &
les en adiurons au nom du Dieu viuant
Ce n'est la premiere assemblée, Sinode ou
Concile national (& nous les cotterons,
quand on voudra), qui aura trayté des affaires de la foy. Or il n'est yci questiõ, d'aucun article de foy : nous en sommes tous

bien d'accord graces à Dieu : nous ne demã-
dons chose aucune, qui n'ayt esté cydeuant
en vsage, ou requise par quelques gens sa-
uuã, de l'Eglise Romaine mesme. Sauoir est,
qu'attendant qu'il ayt pleu a Dieu disposer
les affaires de la Chrestienté : pour resoudre
en vn Concile general toutes les difficultés
& vuyder les differens suruenus en la religion : il plaise a Messieurs les Prelats &
Euesques de l'Eglise Gallicane en premier
lieu, d'ordonner que lon dira le seruice, en
lãgue entẽdue de tout le peuple : cõme beaucoup de Catholiques mesmes le souhaitent
iournellement afin : que nos femmes enfans & domestiques sachent ce qu'ils demã-
dent a Dieu, & puissent selon le dire de S.
Paul, respondre Amen, a ce qui se dit. Secõ-
dement, qu'en gardant tousiours l'honneur
deu à la memoire des saints : & en especial
à la sainte & bien-heureuse Vierge, neãt-
moins les prieres publiques de l'Eglise soyẽt
directement addressées a Dieu seul ; comme

elles font es plus anciennes Liturgies grec-
ques & Latines: laiffant l'inuocation des
fainéts, & la priere pour les trespaffez à
la deuotion particuliere d'vn chacun : puis
qu'il n'y en a ny commandement ny exemple en l'escriture ny mefme d'vfage arrefté
és premiers fiecles de l'Eglife. Tiercement,
pour le regard du S. Sacrement de l'Autel,
que fuiuant l'inftitution de noftre Seigneur
fuyuie par fes Apoftres, & pratiquee en
l'Eglife l'efpace d'enuiron douze cents ans,
la Communion foit adminiftree au peuple
Chreftien fous les deux efpeces : eftant le
peuple enfeigné d'adorer Iefus-Chrift &
non le Sacrement : & de croire la prefence
fans difputer de la maniere. Nous pro-
mettons en ce faifant, de paffer par deffus
beaucoup d'autres fcrupules & confidera-
tions ; & nous trouuer en mefmes affem-
blees, fous mefmes Pafteurs, pour feruir
vn mefme Dieu, d'vn mefme zele, intention & volonté, comme du cœur & de

l'interieur de nos ames, nous n'auons iamais esté des-vnis, quoy que die M. Cayer.
Que si l'approbation du Pape y fait besoin,
côme aucuns le soustiennent possible qu'a-
uec le temps & les remonstrances il s'en
rendra capable. Il s'est veu d'aussi grand
miracle en nostre temps. Ce pendant fai-
sons le principal. Le salut des ames & le
bien de l'Eglise Gallicane doit aller deuant
toutes autres considerations : & recognoist
on les bons Pasteurs, non seulement à la
bonne doctrine de foy, mais aussi à la droi-
te pratique de la charité : ne plus ne moins
que la vraye mere fut iugee : non celle qui
vouloit le sang & les pieces de l'enfant,
mais bien celle qui le vouloit entier & viuant. Nos demandes sont de tant plus re-
ceuables, qu'elles ne contredisent point à
la parolle de Dieu : & que ce n'est la premiere fois que l'on a touché à la liturgie de
l'Eglise pour y adiouster ou diminuer, ny
ayant presque Diocese en France qui

n'ait son Messel a part, & en quelque chose
different des autres . Les doctes sauêt bien
que la liturgie Gallicane, n'à pas tousiours
esté côforme à la Romaine: celle de S. Gre-
goire à, esté en vsage fort long temps, puis
le Pape Nicolas 3. y en introduisit vne autre
enuirô l'an 1579. En somme le nombre de
nos demandes est petit: mais nous esperons
que le fruit en sera grãd, puis qu'elles buttẽt
à la gloire de Dieu , à la paix de l'Eglise:
au salut d'vn milliõ de pauures ames : que
nostre Seigneur à si cheremẽt recomãdees
tous pasteurs : & dont il leur demandera
compte au dernier iour.

Augustinus   contra Epistolam
fundamenti

Nemo nostrum dicat, se iam in-
uenisse veritatem: sic eam quæra-
mus, quasi ab vtrisque nesciatur.

C

Voyla Messieurs, le petit auis, dont est question, pour monstrer l'acquiescemēt que font les Ministres à madite lettre sur ma conuersion à l'Eglise Catholique Apostolique & Romaine, auquel Auis ie fis respōse: la vous addressant ainsi que s'ensuit.

A Messieurs de la religion pretē-due reformee

Messieurs, ie vo⁹ represēte l'*Auis* dōne' sur vn point de ma lettre: par quel-des vostres. Et me semble, estre vn de ceux qui sont professiō d'y auoir estudié. Ie vous addresse ma *Remonstrance* sur iceluy aduis: vous priant la prendre de bonne part. Et me faites cet hōneur de me croire, que ceux qui vous enseignent ont tort: car ils scauēt ce qu'à dit S. Irenee: Que iamais les pretentions, d'vne meilleure doctrine, n'apportent tant de bien: si mesme

elle estoit vraie, comme la diuisiõ fait
de ruine. De tout temps, il y a eu de tels
pretendans, qui ont pensé estre plus sçauans
que tous les Docteurs: voiés s'il vous plaist
à quoy desia ils en reuient par cet auis. Ils
approuuent toute la croyance de l'Eglise
Romaine: ils recognoissent le S. Sacremẽt
de l'Autel : la vraie presence de nostre
Seigneur en iceluy, l'authorité du chef
d'Occident, qu'ils recognoissent estre le
Pape, ne refusent point sont son approbation : s'addressent aux Reuerendissimes,
Messieurs nos Euesques : promettent de se
reünir à l'Eglise: aduouent l'inuocation
des Saincts: & la priere pour les trespassez:
au lieu qu'en leurs confessions de foy pretẽ-
due; ils disoient & pretendoient maintenir
que ce sont idolatries & superstitions. Ie
vous puis asseurer, que plusieurs de vosdits
Ministres, se rangeroient les premiers eux
mesmes: si ce n'estoit la honte qui les retient,
& aussi qu'ils vous craignent. Faictes

C ÿ

mieux, vous mefmes les auez faicts tels qu'ils font: car leur miſſion, n'eſt que populaire. Eſtans tels, quittez les, vous les aurez mis hors d'vne grande peine : dont ils ne ſçauent comment ſortir. Pour le moins ils promettent de ſe ranger. Ils proteſtent auſſi de n'eſtre point ſeparez de volonté : mais que c'eſt que pour le ſeruice fait en Latin. Pourquoy donc puis qu'ils n'en veulent qu'aux ſeruices: ne viennēt ils aux ſermõs, pourquoy font ils obſeruer ceux qui y viēnent? En fin puis qu'ils ne prennent qu'vn poinct de ma lettre : il ſ'enſuit, qu'ils font d'accord des autres, proteſtant par eux, de reuenir aux ſeruices de l'Egliſe, quand le ſujet du ſcandale ceſſera. Neantmoins ils ne font, que trois ou quatre demandes au plus : dont vous verrez ſ'il vous plaiſt, ma remonſtrance. Dieu leur face la grace de ſe biē recognoiſtre, & à vous tous Meſſieurs, d'eſtre bien toſt reünis auec nous, en l'Egliſe

à là gloire de noſtre Seigneur, & à voſtre
ſalut. Ie ſuis touſiours.

Voſtre tresaffectionné ſeruiteur
P. V. de Cayer.

A Paris ce 10. Ianuier 1596.

LA RESPONSE

A L'ADVIS

ESSIEVRS, qui donne-
roit blaſme, n'en ſeroit pas exēpt
Voſtre confſſiō de foy, que pre-
tendeZ, condamne les abus de la
Papauté: ainſi parlez vous de l'Egliſe Catholique. Le traicté que vous aueZ de l'E-
gliſe, dit qu'il la faut fuyr, comme vne ville
peſtiferée. Ie ne vous ay donc point donné
blaſme, mais vous meſmes le vous donnez.
Vous entendeZ vn autre ſens, ſoubZ ces
mots de membre, & de Catholique:
comme pour ne recognoiſtre le chef: & ne

vouloir prendre la Romaine pour Catholique. Vo⁹ distinguez toutesfois la Catholique, en Orient & Occident:ce sont les genres. Et puis les *Metropolitaines*, & *Prouinces* sont les especes, que vous m'accordez, que ie demandoye. Vous adioustez les indiuidus, posons les encores : combien que ie ne l'ay pas dit. Vous les prenez subtilement,de ce mot,localement prise que i'ay mis, parlant de Rome. Car de fait, quelque lieu est vn indiuidu de l'vniuers. Par consequent l'Eglise Romaine localement prise,est vn indiuidu de l'Eglise Catholique.Ie ne nie pas cela,mais respondez s'il vous plaist aux differences,& à ce qui leur est de propre. Si c'est la mesme Eglise, en laquelle vous estes ; que celle en laquelle est le Catholique Romain:pourquoy vous en departez vous?le propre de Rome,est dit le S. siege de S. Pierre:le propre de S. Pierre est de paistre les brebis & les agneaux:& ensemble d'auoir les clefs du Royaume. Si

vous recognoiſſez le meſme fondemẽt, pour
quoy ne faites voˢ ce meſme baſtimẽt? S'il y
a meſme eſcriture, pourquoy n'en auez voˢ
le meſme ſens? Si c'eſt le teſtament vieil &
nouueau, que ne chantez vous le Cantique
de Moyſe & de l'agneau coniointement:
prenant les cerimonies ſubſtãtielles. Si nous
auons les meſmes Docteurs, que n'eſtes
vous meſmes diſciples? Bref ſ'il y a meſme
& pareille auctorité des Conciles: pourquoy
ny ſerez vous ſuiects? ou en prenez vous
l'ancienneté? on prend ſubtilement vieux
de 500. ancien de 100. antique de 1500. ſelon
les curieux, prenez tel pied que vous voudrez. Ceux des Conciles, que vous amenez
vous condamnent. On le vous monſtrera,
ſi vous voulez. C'eſt confondre les termes,
de prendre particulierement, ce qui eſt dict
en general. Rome eſt Catholique, comme
dit S. Cyprian, non pour l'enclos de ſes murailles, ny pour la force de ſon Empire an-
ciẽ: mais pour la foy qui d'elle en ſors, & par

elle eſt annoncee par tout le monde : tout ainſi que la parole ſortoit de Syon, & la loy eſtoit ordonnee de Ieruſalem. C'eſt eſtre vray Donatiſte, de diuiſer l'Afrique de l'Europe, Donatus fiſt ceſte diuiſion. C'eſt eſtre plus que vray Donatiſte, de diuiſer la Frāce de la Frāce: vous l'auez ainſi diui-ſee, meſme voſtre pretendue religion eſt non ſeulement differente: mais du tout diuerſe, mais totalement contraire. La plus part de vous eſtes entrez voiremēt, par le bapteſme en l'egliſe: ceux qui auez de l'aage au moins, mais vo'en eſtes ſortis par anatheme. Le Baptheme eſt le grād chemin Royal, & la belle porte du Tēple de Dieu, mais vous l'auez deſguiſee en vne vieille poterne. Diſōs tout ce que nous vouldrons, dit S. Auguſtin, nul n'aura Dieu au Ciel pour pere: qui n'aura re cognu en terre, l'Egliſe pour mere. Et ce ſōt enfās desbauchez, ceux qui s'en ſeparēt. Nous y auons vn meſme chef, & ne ſom-mes qu'vn meſme corps. Il y a vne meſme

Guillaume le conquerant, en sa langue Françoyse. Qui doute, que changeant les offices diuins en vulgaire: il ne s'en ensuiue vn mespris estrange de toute pieté? & que chascun n'en voudroict dire ni faire qu'à sa fantaisie? Mais pourquoy les Euangeliftes, nous ont ils raporté Emanuel, qui est interpreté Dieu auec nous. Thalita Kumi, fille leue toy. Hephatha, adaterire: retenu en l'Exorcisme spirituel du sainct Baptesme, pour ouurir nos esprits d'eux mesmes enserrez en ignorance: les ouurir, dy-ie, à l'intelligence de noftre regeneratiõ spirituelle. Pourquoy ont ils mis, Eli, Eli, Lamafabathani? car ils escriuent Grec: Et ces mots font Syriaques & Hebraiques. Voyés vous pas l'absurdité? Que si pour n'entendre pas le langage, cõme vous dites, les seruices sont inutiles, a plus forte raison, les prieres qu'on fait pour les malades & absens, sont inutiles: car ils n'en entendent rien: mais il suffit que le peuple

E

y aporte sa deuotion. comme il est dict aussi
en sainct Luc ch. 1. tandis que Zacharie,
pere de sainct Iean Baptiste prioit: que le
peuple estoit la priant & attendant. Le
sainct Pere gardera aussi la litanie des anciens docteurs de l'Eglise : qui depuis que
l'humaine nature a esté glorifiée en nostre
Seigneur : ont recogneu és personnes des
Saincts, & en leurs precieuses reliques, a-
pres leur deces, la veneration des dons de
Dieu, & de leurs operations miraculeu-
ses, par leurs intercessions & merites. En
fin quel zele vous tient si grand, de vou-
estre martyrs? car ie croy, que c'est pour
estre baptizez, de mesme baptesme que nostre Seigneur, en vostre propre sang, que
vous desirez de boire le calice mesme du
sang de nostre Seigneur. Ie d'y cecy, pource
que le plus fort argument, que vous ayés
pour le calice, est de se preparer du Martyre
par ce moyen. Mes amis, contentons nous
d'estre bons confesseurs. Ne soyons point si

ialoux des supplices. Qui enuie le supplice, a
perdu la grace du martyre. Il faut que les
tesmoings, soyët produit, & nõ pas qu'ils se
presentent. Au reste, en faisant & procu-
rant le salut de l'vniuers, par la solicitude
Apostolique, du sainct Pere, l'Eglise Gallicane y sera comprise necessairement. Veu
qu'elle tient comme le droict d'ainesse, &
en à la presence. Estant le Roy tres-chrestië
nostre sire honoré du tiltre de la primogeni-
ture en l'Eglise. entre les Roys Chrestiens.
Brief la liturgie à esté si saintemët reformée,
de tëps à tëps, que ny les Musarabes, ny les
Grecs, ny les Latins n'ont aucune occasion
de se plaindre, mais plustost ceux qui en
auoyent fait la clameur, en ont eu contë-
tement. Et si quelques offices estoyent de
telle vetusté comme de deux cens ans, l'op-
tion leur en est demeuree, de prendre cet auis
ou maintenir leur vsage. Ainsi sont les
vieilles cerimtnies Ambrosianes, demeurees
á Milan, & les antiques de sainct Basile

& autres en la Grece, sans autre change-
ment. Et n'y à iamais eu pour tel suiet, di-
uision quelconque de ce bon Pere d'auec ses
enfans Quant aux prieres pour les morts,
nous voyons côme l'Ecclesiastique priemes-
mes pour les os des Prophetes. Brief si c'est
bien faict, de prier pour les morts par deuotion particuliere : il ne pourra estre
mauuais d'en vser en public. Pour conclur-
re, les demandes qu'on faict doyuent non
seulement estre proposees d'vn bon Zele: &
d'vn cœur simple & innocent: mais aussi
doyuent estre discernees auec science : &
basties sur vn bon fondement.

D. August. de Agone Christiano.

Qui occultat veritatem, & qui pro-
dit mendacium, vterque reus est: hic,
quia non vult prodesse, iste, quia
nocere desiderat.

Vous voyez, Messieurs, la responce que
ie fis promptement a cet Auis. quelle apparence y auroit il que i'eusse faict ledit Auis?

A la verité ils sont accorts en leurs en-
treprises: & en vienēt about bien souuēt par
telles subtilitez, ou pour le moins ils parēt
aux coups plus ayseement. Ils verifient ce
qui a esté dict par nostre Seigneur, que les
enfans de tenebres, sont plus auisez eu leur
generation que non pas les enfans de la lu-
miere. Tant y a que c'est tromperie de dire
que ie me trompe, d'auoir mis ce petit Auis
aux champs, pour les mettre en garbuge,
les vns auec les autres entre eux mesmes.
Ja n'auienne, que iamais ie tombe en cet
inconuenient. Ie sçay que ce n'est pas ainsi,
que le Royaume de Dieu s'aduāce. Voyci
donc la coppie de la lettre escrite a de Beze,
par l'autheur dudit Auis: comme on void
par la lecture, monstrant que Montigny
en a eu auec luy des prises: & que plusieurs
qui trempent en telles opinions, luy en ont
communiqué si auant, qu'il a falu que cete
lettre en soit sortie, pour son excuse. Or cōme i'ay dit sās le cognoistre, qu'il meritoie

E iij

quelque louäage:aussi ne veuxienullemēt luy
mettre sus aucun blasme,de la dissimulatiõ
ou desguysement des autres: ains apresent,
que ie say, qui il est, i'espere qu'il ne trou-
uerra mauuais,que ladicte coppie de sa lettre se voye de tout le monde, pour le bien
de la reconciliation: veu qu'il monstre a-
uoir cete intention & desir, afin que ce qui
est venu de luy, ne soit poinct attribué a
d'autres, Cum bonis viris bene agier
oportet,

COPPIE

A MONSIEVR
DE BEZE.

MONSIEVR, ie suis prié par mes amis de vous dõner encor plus particuliere satisfaction, touchã ce petit Aduis à Cayer: auquel il se fait quelque ouverture à nostre reconciliation: d'autant que vous m'en iugez l'autheur, & que d'ailleurs vous trouuez ceste ouverture fort mauuaise. Pour le premier, il n'est pas raisonnable de me faire seul autheur, de chose qui a esté publiée il y a plus de dix ans, en termes peu differens, comme i'ay fait voir à M. de Montigny, bien auouerayie, que depuis 7. ou 8. ans, que i'ay voulu scauoir le suiet de nos differens: & que i'en ay conferé auec le sieur de Villiers Loyselier, & douze ou quinze autres des

plus doctes Ministres Fráçois, pour la
plus part: i'ay trouué que nos differens
n'estoyét pas irrecóciliables, que nostre mal n'estoit point sans remede.
Comme aussi M. Caluin est de ceste
opinion, en son traicté *de la necessité
de reformer l'Eglise* : en la page 137. & se
fasche fort contre ceux qui sont de
contraire aduis. Sur ce ie côfesse m'e-
stre estudié de cercher, quelque gue-
rison à ce mal : & particulierement
pour nostre pauure France : essayant
par mesme moyen de leuer aux Catholiques, l'opinion qu'ils ont que
nous sommes opiniastres & mal trai-
tables. Ie ne veux point de meilleur
tesmoing que vous, quand par le cō-
mandement d'vn grand, & par l'aduis
de feu M. de Reau, ie vous en parlay,
il y a tantost 4. ans, & depuis vous en
ay escrit, vous suppliant au nom de
Dieu, & pour le bien & repos de la

France, à laquelle vous auez vne obli-
gation si estroite, d'y apporter ce que
Dieu vous auroit donné de sçauoir
& dexterité. Mais ie diray librement,
que ie vous ay tousiours trouué fort
contraire à ce desseing, disant qu'il
se falloit fermer & arrester a cequi
auoit esté receu en *France* il y a enuiron 40. ans, par l'aduis des Ministres d'alors, & par l'authorité des
chefs de nostre party (comme il se
voit par vostre lettre du 27. Aoust
1593.) Toutesfois s'il vous souuient,
ie n'auoye touché que le fait des ceremonies, & du gouuernement Ecclesiastique: qui sont choses suiettes a
correction & changemēt, par les cir-
constances des temps des lieux & des
personnes, comme ie l'ay appris de
vous mesmes, en l'vne de vos Epistres
qui est l'Epistre 20. disant. *Quid autem*
cui loco & tempori, quibus deniq; perso-

nis, conueniat, prudentis est hominis dis-cernere: modo disciplina ipsa, ad verbi diuini normam exigatur. Or que ceste maladie n'est pas incurable, outre ce que i'en ay appris de tant de gens scauans: I'ay leu entre les autres escrits de Luther, vn sien traicté : non imprimé que ie scache, intitulé *Quid nos cõcedere vel non concedere possimus*. I'ay leu dans Sleidan, ce qui s'est passé au cõmencement de la reformation. I'ay couru la plus part des escrits de Zuingle, Bucer, Melanthon & autres. Ie voy qu'au premier Colloque de Ratisbonne, en l'an 1541. auquel ces bons personnages Melanthon & Bucer estoient deputez : & Caluin fut present, d'vne vingtaine d'articles cõtenus au liuret que leur presenta l'Empereur : ils en passerent dix ou douze. Et sans l'artifice du Legat Contarein, qui rompit l'assemblée, l'on en pou-

uoit esperer du fruit d'auantage. Vo⁹
sçauez, Monsieur, de quels poincts on
tôba d'accord, au Colloque de Poissy:
& par semblable artifice, comme on
dit, ceste conference demeura sans effet. Personne n'en peut mieux parler
que vous. Ledit sieur de Villiers en
quelques Theses qu'il publia *de l'E-
glise*, *de la predestination du liberal
arbitre*, &c. en coucha les resolutions,
& les maximes en tels termes, que les
vns & les autres ne faisoient difficulté
d'y souscrire. *lib. de lib. arb. in Præfat. ad
Vandermil.* Et cela seruoit deschantil-
lon pour monstrer qu'en la plus part
de nos disputes, *verbis magis*, comme
il disoit, *quàm reipsa dissentimus*. Ie ne
dy pas, qu'il n'y en ait aucunes ou nous
sommes appointez contraires : mais
plus le mal est grád, plus a-il besoin
de bon medecin, tel que vous estes,
& tel que ie ne suis pas. Au commé-

F ij

cement de ces troubles derniers, le Roy escriuât au feu Roy, aux Estats, a la Sorbône, demáde vn Côcile natio-nal composé de Theologiens d'vne part & d'autre : auquel ce qu'il faut des-ormais croire & tenir, soit resolu. Et M. du Plessis en quelque endroit, dit sçauoir vn expedient pour nous mettre tous d'accord. Et à la mienne volonté, que cest excellent homme ne nous le voulust enuier plus lon-guement. Mais c'est bien signe que la reformation de Geneue n'est pas vn modele pour toutes les Eglises : com-me vous le recognoissez tres-bien en la mesme Epistre 20. disant : *Quàm enim perniciosum sit, ad vnius Ecclesiæ quæcunq; tandem illa sit, exemplum cæte-ras componere vel etiam cogere : satis su-perque docet vel vna Ecclesiæ Romanæ tyrannis.* Or que ceste maladie n'est pas desesperée, côme i'ay dit, il y parroiſt par le vœu & par l'effet de tant de bons *Princes*, & de tant de gens ſcauás de noſtre temps. Il y a enuiron 35. ans, que par le commandement de l'Empereur Ferdinand, ſuiuy d'vne ſeconde iuſſion de Maximiliã ſon fils, Caſſander en publia quelques moyens, que l'on gouſte auiourd'huy plus que l'on ne faiſoit alors : autres y ont fait pareil effort, preſque auec pareil effet. Car il leur en eſt reüſſi, comme à ceux qui veulent appoincter des gens qui ſont par trop en cholere. Si ne voudrois-ie blaſmer leur bon zele & volonté. Et c'eſt pour venir à l'autre chef de voſtre plainte, que ceſte ouuerture de reünion miſe en auant, par l'autheur du petit Aduis, n'eſt pas receuable. Car ſon deſſein eſt à louer, ce me ſemble : quand bien il n'auroit trouué le remede conuenable. C'eſt touſiours pour induire les

autres à faire mieux. Car comme, ie
difois en ma precedente, ou vous iugez le mal fans remede, & en ce cas
M. Caluin & mille autres vous font
contraires : ou vous iugez qu'il fe
peut guarir : mais que les remedes
qu'on y a apportez iufqu'icy empirét
le mal : pluftoft que le guarir,& en ce
cas, qui mieux que vous, & qui plu-
toft que vous, y doit mettre la main?
Ie fcay bien ce qu'on a accouftumé de
repartir à cecy. C'eft que les Preftres
& la Sorbonne, ne defmordront iamais rien, & qu'ils prennent l'auantage fur ce qué nous quittons. A quoy
ie refpond, qu'ils ne font pas tous
d'humeur femblable, ny de mefme
aduis : & y à des Euefques fcauans &
moderez. Qui fcait, quád nous ferons
partie du chemin,s'ils ne feront point
l'autre ? Au moins faifons nos offres,
mettons le tort de leur cofté. Ie ne

parle point de la doctrine maintenāt:
mais ie scay que iamais ils ne s'accom-
moderont à nostre discipline. Si vous
dictes, qu'il les faut donc laisser la:
nous manquons donc de charité. M.
pardonnez moy si i'en parle de la fa-
çon: l'indiscretion & animosité d'aucuns des nostres me fait tenir ce langage: & voudroie que par vn escrit public, vo⁹ les en reprissiez aigre-
ment. Leur plus beau mot est, qu'il
faut estre ou tout vn, ou tout autre.
Mais moy i'ay tousiours ouy dire, que
les fols courent aux extremitez. Au
commencement, & par l'espace de
plus de 40. ans, l'on ne parloit que de
reformer l'Eglise, maintenant on dit
qu'il nous fautvne Eglise à part. Iamais
Caluin n'a dit, ou bien il s'est contredit, que l'Eglise Romaine ne fust
point Eglise, moins encore *Bucer*, &
Melanthon. Ceux qui sont venus de-

puis, sont allez par-delà l'intention de ces premiers , non seulement en ce point, mais en plusieurs autres. Certes Caluin luy mesme à craint, & predit, que telle chose arriueroit:comme il vous escrit en ces mots. *Vna in re insiste re oportet, vt fidelibus tolerabilis sit libertas. seuerè tamen obiurgandus erit eorum feruor, qui metas transiliunt : ac de eo frenando, consultandum vobis erit, ac nisi eorum intemperantiam compescat Deus, omnia peßundabunt. Caluinus ad Bezam epistola 324.* C'estoit vn peu deuant les premiers troubles. Iamais Caluin n'a dit, que l'Eglise Romaine fust sans sacremens, mais bien qu'ils estoyent gastez & deprauez. Aussi ne se peut entendre l'Eglise sans sacremens, non plus que les sacremens sans l'Eglise. Et y a bié a dire, entre estre vicié & corrōpu, comme Caluin à dit, ou n'estre point du tout, cóme ses disciples ont

depuis souſtenu on ne reforme point
ce qui n'eſt point : car ſans parler du
bapteſme, dont on eſt a peu pres d'accord, voicy les paroles de Caluin, touchant l'autre ſacrement. *Res ipſa lo-*
quitur, ſacramentum illud a nobis eſſe re-
ſtitutũ integritati ſuæ, cum tot modis cor-
ruptum ante pollutumq; eſſet. Calui epiſt.
395. il ne dit pas, *cùm ante nullum eſſet.*
Iamais Caluin n'a dit, ou bien il s'eſt
contredit que l'egliſe Romaine fuſt
ſans paſteurs bons ou mauuais, que
meſme il leur accorde la vocation &
miniſtere ordinaire: *& reuera,* dit-il,
cogimur fateri penes eos eſſe ordinarium
miniſterium. Caluin ſur le 13. chap.
d'Ezechiel verſ. 9. Voire que faiſans
leurs charges comme il faut, ils n'auroyent beſoing de nouuelle ordina-
tion. Et entéd que celle des. Miniſtres,
au moins des premiers, côme ie croy,
eſt extraordinaire. Caluin epiſt. 130.

G

côme fut celle des prophetes, quãd les prestres & pasteurs ordinaires de l'Eglise d'Israël ne faisoyent leur deuoir. *At que omniõ, dit-il, extraordinariũ fuit hoc munus quod Dominus nobis iniunxit, dum operâ nostrâ ad colligendas Ecclesias vsus est.* Caluin epist. 190. Les disciples des ces premiers ont franchy le sault, ayans osté entant qu'en eux est aux Catholiques, & l'Eglise auec ses marques, & les sacremens & le ministere. Et par vne sotte antithese de nostre Eglise à la leur, sans y penser ont forgé deux Eglises chrestiénes: & renuersé les fondemens de nostre religiõ. Mesmes il se r'imprima l'autre iour vn liuret composé durant les premiers troubles. *Que la religion reformée est plus ancienne que la Catholique.* I'en ay ouy de si impudens qui soustenoyent qu'il n'y auoit point eu d'Eglise visible depuis Phocas. autres enfermoyent l'e-

glise dans l'enceinte des murailles de
Geneue: ou parmy ceux tant seulement qui s'y conforment en doctrine & discipline:& par ainsi nous met-
tent en mauuais mesnage auec les
Eglises d'Angleterre, de Danemaik,
Suede, Saxe & autres reformées : outre qu'ils nous enueloppent sans y pé-
ser en beaucoup de côtradictions, ab-
surditez & inconueniés. Car ores que
ce soleil n'auroit en si longtemps ietté ses rayons sur l'Europe : si a il pu
luire ailleurs ce pédât, ne fust ce que
chez les Abyssins qui font,comme on
dit,2 4.Royaumes chrestiens. Et puis,
ou auons nous presques tous receu
nostre baptesme? Quind bien nostre mere seroit de mauuaise vie : si ne
nous est-il loisible d'en mal parler)i'en
ay leu vn beau trait de S. Hierosme
*Hier: ad Lucifer dialogo extremo Si in
sinu meo natus, si vberum meorum lacte*

nutritus aduersum me gladium leuas : red-
de quod dedi : & esto si potes aliter christia-
nus. Meretrix sum, sed mater tua sum: si
non seruo thori vnius castitatem, talis erã
quando conceptus es. L'vn des fils de
Noë fut blasmé, fut maudit : pour
n'auoir couuert la honte de son pere.
Non tam pius est qui facit , quàm impius
qui non facit. Tant nous auons d'obli-
gatiòn en cecy. Autres i'ay veu qui
asseuroient que Dieu vouloit perdre
l'Eglise Romaine,& non la reformer:
estant si impudens, que d'alleguer vostre authorité :du 7. poinct de vostre
côfessiõ art. 12. ou vous dites quec'est
deuoir de tous fidelles, non de reformer mais de destruire & abolir. Beze
en sa confession 7. points art. 12. Mais
ie croy que vous les des-auouërez. Et
de ceste opinion sont venus ces beaux
mots *d'infideles & mescreans.* Car pour
tels on a tenu les Catholiques : com-

me à tels, aucuns ont iugé qu'il falloit faire la guerre, comme de tels, on a deſmoly les temples, & raſé les plus beaux edifices de quelques villes. Et à ce propos me ſouuient auoir autres-fois ouy preſcher à quelqu'vn qu'il falloit abbatre les hauts lieux. ie croy que le bon Dieu a pardonné ces folies à nos deuanciers : deſquels nous qui reſtons portons encore le peché, & faiſons la penitence tous les iours: & la ferons, aſſeurez vous, tant que nous ayons repris la piſte des Apoſtres, en la predication, non de la foy toute ſeule, mais bien de la foy & de la charité tout enſemble. Le bon Zuingle diſoit, que la Charité eſtoit vne des marques plus certaines de la vraye Religion, *Zuingl. de vera & falſa Religione,* puis il adiouſte: *Vita chriſtiana, quid in vniuerſum eſt niſi charitas? quidan? non charitas & contentio ex diametro inter ſe pugnãt?*

G iij

il y en a mille beaux paſſages, dans les
Peres , & particulierement en S. Auguſtin,& enOptat contre les Donatiſtes. Cecy toutesfois ne ſoit dit pour
vous, Monſieur ; de qui nous s'auons
& nous promettõs choſes meilleures.
ie vien maintenant à ce petit Aduis,
que nous eſplucherons vn peu, ſi vous
auez le loiſir. i'en cognoy l'autheur: il
ne me deſ-auouera de la peine que ie
prendray pour luy. ie ne voudrois
toutefois faillir,en excuſant ſes fautes,
il me pardonnera ſi ie luy dis tout frã-
chement, qu'il ne deuoit dire au nom
de tous, ce qu'il n'eſtoit aſſeuré qu'aucun affermeroit.il ne deuoit auſſi ſans
charge faire la charge qui ne luy ap-
partient: ſinon qu'il a veu que perſon-
ne ne met la main à cet œuure tant
ſainƈt & tant neceſſaire.Car en ce cas,
la nonchallance des Paſteurs, & ſon
zele l'excuſeroient. Et de cecy il s'en

void aſſez d'exemples en l'Egliſe ancienne, & particulierement au Concile de Nice. *Socrates 4. c. 32. Sozomen. 6.*
c. 36. 37. Euſeb. 6. c. 19. Act. Apoſt.
c. 13. Comme à la verité, ie croy qu'il
ny' à eſté pouſſé que d'vn bon zele. Et
ce bõ zele qu'il a eu de fermer la bou-
che à ceux qui diſent que nous ſom-
mes ſortis de l'Egliſe, l'à luy-meſme
mis au hazard d'en eſtre ietté hors par
les eſpaules, tant il a eſté mal mené des
vns & des autres, fors que des gés moderez & iudicieux de nos Parlemens,
& dailleurs, qui luy ont fait aſſez bon
accueil. Or ie croy, que vous ne trouuez mauuais, que nous nous diſions
tous membres de l'Egliſe Chreſtienne
& Catholique, auec ceux qui ont meſme fõdemét de religion. Caluin en ce
meſme eſcrit, de la neceſſité de reformer l'Egliſe, ne dy pas que les Papiſtes
no⁹ ayons deux Religions differentes:

mais bié que laReligiõeſtoitdeprauée, & le ſeruice de Dieu peruerty. Auſſi n'eſt-ce que la diuerſité des creances, qui eſtablit la diuerſité des Religions. On ne ſe doit, & ne peut on figurer, qu'vne Religion Chreſtienne en vne eglife Catholique : puis qu'il n'y a qu'vn meſme fondement, vn meſme Symbole, vnBapteſme, vn Ieſus Chriſt. Bucer en ſon epiſtre à l'Eueſque d'Auranche dit tres-bien, *Eundem vtrinque chriſtũ inuocamus. nos ſanè nec à vobis nec ab aliis Ortodoxis vllaex parte receßimus, in iisquæ Chriſti sũt: vita modo & labes declinare ſtudemus.* Car à vray dire, & quand on y à bien penſé, ce ne ſont ne les chandelles, ne l'eau beneiſte, ne les orgues, ny les veſtemens des preſtres, ne les ornemens des temples, moins encore le ſigne de la Croix, ou l'image du Crucifix & choſes ſembla-bles, qui nous tiennent ſeparez d'auec

eux. L'Eglife d'Angleterre en a retenu les vnes, & la pluſpart ſont en vſa-
ge quaſi de tout temps. Meſme pour
le regard de la mixtion de l'eau au vin·
Caluin ſe faſche. epiſt. 259. que l'on
l'ait miſe en diſpute. *Quorſum*, dit-i¹,
de mixtione aquæ & vini in ſacra Cœna
diſputatio moueri debuerit, non video. Ce
n'eſt pas auſſi la hierarchie de l'egliſe:
les Anglois l'ont retenuë, ny la vie des
preſtres· Ceſte plainte eſt de tous ſie-
cles· Tout cecy & pour d'autres choſes que nous leur reprochós, n'eſtoyét
baſtantes pour nous deſ-vnir, & faire
corps à part, pour nous faire quitter
ſi ſouuent les biens & la patrie, ou ex-
poſer nos vies au ſupplice· Moins encore pour prendre les armes & nous
aſſommer les vns les autres : comme
encore ie ſcay, qu'il y en a à qui les
mains demangent & qui ne cerchent
qu'vne querelle d'Aleman, pour nous

H

remetrre plus auant en nos malheurs. Ie m'en r'apporte à la consultation qu'on vous en a faite depuis peu de moys, *Afriuolis quibusdam & leuiculis ceremoniis longè distant aliæ in quibus apparet crassa & manifesta impietas,* ce dit Caluin. Epistre 265. Car c'est à ses amis & familiers, qu'il en parle pl⁹ rondement. Ie trouue donc que les causes les plus iustes & veritables de nostre separation, se peuuent reduire à ces trois chefs: *de l'inuocation des saincts, de la priere pour les morts, & de l'adoration du Sacrement,* d'autant qu'à mon aduis & en ma conscience, elles derogent à l'honneur de Dieu & sont sans exemple, & sans commandemét aux liures Canoniques du vieil & nouueau testament. Si donc ces trois choses estoyent retranchées de la liturgie de l'eglise, & que le peuple fust enseigné de s'en deporter, le surplus s'esuanouyroit par vn mesme moyen. Car de l'inuocatiõ des saincts depend la veneration des images, les reliques, les pelerinages. Qu'on oste la priere pour les morts, (ie ne dy pas la commemoration) que deuiendra la question du purgatoire, le sacrifice expiatoire pour les trespassez, & la pluspart de messes priuées? Car comme disoit Luther *lib. quid nos comedere possimus. Missa ferè tantùm pro mortuis vsurpatur, cum tamen christus sacramentum tantũ pro viuis instituerit.* Et pour le regard du sacrement de la saincte Cene (que les anciens appelloyent sacrement de l'autel) si le peuple est enseigné, d'y adorer *Iesus-Christ*, & nõ le sacrement, ou le pain, ou l'hostie, le signe, l'espece ou l'eucharistie, si l'vsage du calice est restably tant pour les laics que pour les *prestres*. C'est à dire, la Communion entiere (comme elle eſtoit au temps de l'Apoſtre. Ne voyla pas ſans y penſer le ſacrifice remis en la premiere nature & condi-tion de ſacrement ? comme peu à peu de ſacrement, on auoit ſait vn ſacri-fice, ſans nous arreſter toutesfois à chiquaner ſur ce mot de ſacrifice. Caluin epiſtre 396. duquel ſainct Cy-prian & tous les anciens, ont vſé com-auſſi quelquefois des noms de colle-cte, ſynaxe, Meſſe, ou Euchariſtie. Car de fóder vn proces ſur ces ſynonvmes, comme ont fait quelques vns, il n'y a point d'apparence, d'autant meſmes que les Bohemiens, Luther, la confeſ-ſion d'Auſbourg, & noz deputez à Ratiſbone, ont retenu le nó de Meſ-ſe, & en vſe l'on, encore auiourd'huy en pluſieurs egliſes reformees d'Ale-magne, m'aſſeurant que vous n'eſtes de l'aduis de celuy, qui publiant les raiſons de noſtre ſeparation couche

ceste cy pour la premiere, à sçauoir
que le mot de Messe n'est point en l'e-
uangile. Cu reste, il se void encore vn
liuret imprimé par-delà du temps de
Farel, enuiron l'an 1537. ou les Curez
de France sont priez de dire la Messe
en François, & la reformer à la reigle
de l'euangile. Et que nous sommes
pres d'y retourner. Il ne s'y parle ny du
celibat des prestres ny du vœu des
Moynes, du Caresme, ny des ven-
dredis. Or si l'on changeoit seulement
ce mot d'adoration de sacrement ou
d'Eucharistie, & que l'on ne parlast
plus que de l'adoration de Iesus-
Christ, que deuiendroit ceste tragi-
que dispute de trãsubstantiatiõ. Ce
n'est pas de ceste heure que les gens
de bien & de iugement souhaitét que
l'on recite simplement & que l'on s'ar-
reste religieusement, aux paroles de
nostre Seigneur, en l'Institution de

la Cene : scauoir est que nous rece-
uons mangeons & beuuons son vray
corps & son vray sang, comme à la
veritè, pour receuoir il faut, que les
choses soyent presentes non absentes,
Bucer dit, *Dissidium margis est de modo,*
præsentiæ, quàm de præsentia, & au Colloque de Ratisbone, nos deputez vse-
rent des mots de *vrayement & realle-*
ment Car la realité n'est pas des corps,
& de la maniere corporelle seulemét.
Autant en firent les Docteurs de Vit-
temberg, en leur formule de reconciliation de l'an 1536. touchant le different de la Cene, & Caluin asseure *Epi-*
stola 177. nobis verè pristari, quod figurãt
sacramenta. L'Eglise primitiue faisoit
bien plus sagement de tenir cecy pour
vn mystere, ny plus ny moins que la
pluspart des articles de nostre foy, les-
quels il faut croire sans en recercher
les causes trop curieusement, & l'ap-

pelloyent *Horrendum mysterium.* Il y a des choses propres pour leschole, d'autres pour les sermons. Car le peuple n'est pas capable de tout. Icy ne se parle que du liure des prieres publiques de l'eglise, que les gens appellent liturgie, & les derniers latins *Missale,* afin qu'attendant vne reformation entiere, par le moyen d'vn bon & saint Cõcile national ou general, l'on oste de ce liure ce qui est de plus fascheux, & par ce moyen nous trouuerons en mesmes lieux, pour prier Dieu, nous venions à nous r'appriuoyser les vns les autres. Si vous dictes qu'il en faut bien oster d'autres. *Ie* scay que l'on peut rendre ce proces immortel, & infiny, si on veut, mais si est-ce pecher contre la charité. C'est faire tout au rebours de nostre Seigneur & des Apostres, qui ont plus edifié par douceur que par rigueur, par patience que

par precipitation. Les proteſtans en la
côfeſſion d'*Ausbourg* dreſſée, & puis
ſouſtenue par Melanthon, reduiſent
les abus dont ou ſe plaint, & qui nous
ſeparent à ſept articles ſeulement, *Cæ-*
tera per cenſere, neque valde opus eſt ne-
que vllus eſſet nudus. Ce dit Caluin en
ſemblable ſubiet epiſtol. 395. & en vn
autre lieu. *Deffectus multos tolerandos*
iudicio vbi errendari non poſſunt, Caluin
epiſt. 379. quoy qu'il fuſt ennemy ca-
pital des abus de l'egliſe Romaine, ſi
tranche-il ce mot, que ie vous ſupplie
de peſer. *Nec verò ſi papiſtæ, puram oran-*
di formam conciperent : mihi religio eſſet
templum cum ipſis ingredi Caluin epiſt.
265. & cecy conformément à vn aduis
qu'il donna à vn homme d'honneur
en France: qui ne pouuoit encore ſe
retirer, mais la lettre en eſt eſgarée,
comme vous ſcauez. Melanthon &
ſes compagnons, au Colloque de Ra-

tisbonne, sont à peu pres de cest aduis. apres qu'on leur eut accordé qu'il n'y auroit pour tout le peuple qu'vne mes se generale qu'ils appellent publique & *Ecclesiastique.* Cecy nous estant accordé disent ils, & pareillemét qu'il fust loisible a quiconque voudroit, d'abandonner les Messes priuées, *il n'y auroit point de debat, encore que tous ne changeassent si soudain leur coustume , & en l'article suiuant ils adioustent ces paroles. Par ce moyen il n'y auroit point de discord public en l'exercice exterieur, & seruice de l'Eglise. Car nous n'accusons pas ceux qui ne sont encore suffisammment in- struits.* Qui est pour respondre à ceux qui se sont si tost escarmouchez, pour ces mots de deuotion particuliere. Ioint que l'opinion priuée des parti- culiers, ne me gardera iamais de com- munier & prier auec eux en public. Le subiet du scandale est en la deuo-

I

tion publique commandée. *Et m'est*
aduis que ceste cause ne peut preiu-
dicier, à ceux qui desia sont instruits
comment il faut prier Dieu. *Et* quant
à l'hôneur des Saincts, i'enten qu'aucuns aussi s'en sont formalizés : comme s'ils n'en meritoyét du tout point.
Aduisez ie vous prie en quelle extre-
mité nous sommes tombez, & toutesfois Bucer en sa censure des Ceremonies de l'*Eglise* d'*Angleterre*, fut
d'aduis de retenir toutes les Festes de
nostre *Seigneur* & de la *Vierge Marie*,
des *Apostres*, & de quelques Martyrs:
& son aduis y a esté suiuy. *Et* luy-mes-
me en vn autre endroit, *Agnoscimus*
deniq;, dit-il, & docemus sanctos in sum-
mo habende pretio, id autem à nobis fieri,
quòd dignos illos putamus, quorum fidem
totis viribus imitemur:& in quibus Deum
indesinéter prædicemus. Bucerus ad Abrin-
censem. Melanthon en son Apologie,

pour la confession d'Ausbourg. *Con-*
feſſio noſtra probathonores sãctorum, Hîc
triplex honos probandus eſt. Caluin en
ſon traicté de reformer l'egliſe & en
ſes Epiſtres. *Nullum ergo ſanctis, ſuum*
honorem præripimus : ſed qui temere ac
perperam hominum errore, illis fuerat at-
tributus. Et en ſes epiſtres (128.129.278.
379.) il monſtre aſſez que d'auoir oſté
toutes les feſtes, meſmes à Geneue,
cela ne luy auoit pleu, & que ce n'a-
uoit eſté de ſon authorité. C'eſt choſe
dont vous deuez auoir ſouuenance, &
dont toutesfois ie n'euſſe parlé ſans la
beſtiſe, ou la malice de ceux qui ne
peuuent ſouffrir que l'on face men-
tion de ſaincts, ny de feſtes. I'ay remar-
qué dans les eſcrits de Caluin, de Bucer
& de nos premiers reformateurs aſſez
d'autres traits, pour nous faire iuger
qu'ils n'eſtoyent pas ſi eſloignez d'accord & de raiſon. Ie vous en feray part

I ii

quand vous voudrez. Mais pour reuenir à l'examen du petit Aduis, aucuns se sont estomaquez à ce nom *d'Euesque du premier siege* : ores que l'Eglise ancienne ait deferé au Pape cet honneur, & que les Princes & Estats de l'Eglise, & particulierement de la Gallicane le luy aient continué en l'espace de plusieurs siecles. (*Iustin.l. inter claras, C. de Sum. Trinit. Concil. Carthag. c. 39. Paul. Diac. Capit. Caroli. M.*) Caluin en son epistre 190. parlant de la Hierarchie de l'Eglise : *Vetus quidem Ecclesia (dit-il) Patriarchas instituit, & singulis etiam prouinciis quosdã attribuit Primatus, vt hoc concordiæ vinculo melius inter se deuincti manerent Episcopi.* Les deputez au Colloque de Ratisbonne sont d'auis, que telle diuersité de degrez, est vtile a conseruer l'vnité de l'Eglise, si ceux qui sont en telle preeminence font leur deuoir. *Ie laisse à*

Sarauia de discourir sur ce subiet, me r'apportant à ce qui en sera resolu cy apres en l'assemblee generale de l'Eglise Gallicane. Aussi est-ce vn fait qui regarde le general, mesme puis que le Pape n'a ceste authorité d'*Euesque* du premier siege, que par concession des Princes & de droit humain & positif, comme les plus doctes Catholiques: l'õt recognu: afin que la regle du droit commun ait lieu, *Quò quidq; iure statutum est, eodem iure tolli.* Et ce pendãt, Monsieur, est-ce approuuer son authorité que l'appeller, comme on l'appelle ordinairement ? Vous-mesmes en prou de lieux le nommez Euesque de Rome, & toutesfois au 7 point de vostre cõfession, vous soustenez qu'il est l'Antechrist; & qu'il n'y a plus de Pasteurs en la Papauté. Au pis aller, il est permis à chacun d'vser d'homonimie. Encor est-ce bien loing de ces

I iij

tiltres d'Euefque vniuerſel, de Vi-
caire de Dieu en terre, que d'autres luy donnent ſi liberalement. Et à
la mienne volonté, qu'il vouluſt bien
faire ſa charge d'Euefque du premier
ſiege, & nous ayder à remettre la paix
en l'Egliſe Gallicane: il auroit de moy
tel honneur qu'il voudroit. Voila ce
me ſemble tout ce qu'on à trouué à
redire en ceſt aduis: auquel, &c. me
recommandant &c. De Paris ce premier iour d'Aouſt, 1596.

Voſtre &c. V. H.

*Voyla, Meſſieurs, la coppie de ceſte lettre
eſcrite à T. de Beze. l'autheur eſt vn perſonnage de qualité & homme honorable, quãt
à moy, ie ne vous ay repreſenté ce que deſſus, ſinon pour le deſir que i'ay, de vous voir
tous bien reunis, auec nous au giron de noſtre mere ſaincte Egliſe. Sur la reſponſe que*

vos gens y voudront faire, ie vous en diray mon opinion selon le merite de leurs al-
legations : mais ie sai fort bien, que ledict
de Beze, en vne siene letre escriuant à vne
Dame tresillustre aduoue en quelque sorte
l'abbatement des Temples & des images,
referant cela à vn iugement de Dieu: combien qu'en la mesme lettre, il se dissimule tãt
qu'il peut disant, qu'il ne peut approuuer
tels actes. Iugez que c'est adire d'attribuer
au iugement de Dieu, ce qu'il ne peut approuuer. Il parle la aussi de la violence cõ-
mise, par les soldats, (dont il dit là Nous
auons tant de bons soldats bié armez)
à l'endroit des sepultures. de laquelle violence se deuroient resouuenir, ceux qui vous
iettent la pouldre aux yeux par des queri-
monies de ce qu'ils ne sont admis, à la communion des morts en leurs sepulchres & ci-
metieres dont ils ont detesté & detestent, la
religion qu'ils ont obseruee estans en vie.
Si vons pensez bien, à vn tel regret, qu'ils

vous impriment pour vos morts, apprehen-
dez vn peu, quel deuil c'est au prix : de n'a-
uoir pas esté de la communion des saints
qui est l'Eglise. Demãdez leur la raison, ils
diront, que c'est pour ce qu'ils sont chrestiẽs.
Et nonostant ils debatent que ceux qui sõt
la enterrez, n'estoien pas chrestiens. Et sont
au iourd'huy aucuns si insolẽs : de dire qu'il
n'y à plus d'Eglise entre nous. Mais il vaut
mieux se tenir en paix & en repos, que d'a-
giter ce propos d'auantage : laissant à Messieurs les Magistrats, d'en ordõner, ce qu'ils
verront estre bon à faire, selon Dieu, raison
& iustice, ensuiuant les edits du Roy, à
qui Dieu par sa saincte grace, vueille dõner le regne tout paisible, auec la reünõ, de
tous ses suiets, en la foy Catholique par
tous ses Royaumes & souueraineteZ : en
tout heur & felicité. Ainsi soit il.